扫 兴

[英]亚尼内·阿莫斯/著　[英]格温·格林/绘　贾洪宝/译

知识产权出版社
全国百佳图书出版单位

玛雅的故事

　　玛雅向车窗外望去,看见一顶顶小帐篷和一群人。那些人肯定是来露营的!玛雅很兴奋,她和表兄妹们也正在一起度假,这是她第一次离开爸爸妈妈。

玛雅的姨妈卡斯把汽车停住。唐娜、勒罗伊和雷打开车门,直奔向汽车后备厢,去取旅行袋。

"咱们先踢足球吧!"雷一边说一边踢着他的新足球。

"先吃点儿东西——我饿极了!"勒罗伊说。

唐娜拿出她的照相机。"我来给大家照张相!"她说,"笑一笑!"

"过来,玛雅!"卡斯姨妈叫着,"来和我们一起照!"

玛雅跑过去和大家站在一起,她笑得很夸张。

不一会儿,大家都觉得饿了。雷和卡斯姨妈已经把野餐的东西都准备好了。

"我也带了一些吃的。"玛雅说着拿出了妈妈做的三明治。

"谢谢!"勒罗伊说着,拿了一块塞进嘴里。

午餐后,他们来到海边,那里的大礁石上有好多小水坑。

"我找到了一只螃蟹!"玛雅喊道。所有人都跑过去看。

"玛雅真幸运!"雷笑着递给玛雅一根湿淋淋的水草。

"哈哈!"玛雅也笑起来。

　　整整一个下午，他们都在沙滩上玩。开始时，他们玩飞碟。后来，他们用沙子堆了一座城堡——玛雅和雷把贝壳插在四周，唐娜和勒罗伊挖了一条护城河。最后，卡斯姨妈走了过来。"多棒的城堡啊！"她说，"不过还应该有一面旗帜。"她在城堡的最高处插了一根羽毛。

　　"我妈妈也总这么做！"玛雅说。突然，她觉得非常想念妈妈。

该回帐篷了。"来吧,玛雅。"卡斯姨妈伸出手,和蔼地说。
"我不想跟你拉手。"玛雅不高兴地说。
卡斯姨妈朝玛雅做了个鬼脸。
回到帐篷里,大家都忙着做烧烤。
"我冷!"玛雅抱怨着。这时,她看见唐娜在翻自己的旅行包。
"谁知道茄汁焗豆放哪儿了?"唐娜问。
"那是我的包!都被你弄乱了。"玛雅埋怨说。她把自己的旅行包一把夺了过去。
唐娜不解地盯着她看。

雷负责整理睡袋。

"来,帮我一把!"说着,他把睡袋扔给了玛雅。

但是玛雅没有接,睡袋掉在了地上。

"都弄脏了!"玛雅尖叫着。

"这不能怨我!"雷解释道。

"你这个爱抱怨的家伙!"唐娜对玛雅说,"爱抱怨的玛雅——就是你!"

卡斯姨妈全都听到了。"别吵了，干自己的活儿吧！"她大声说。
"玛雅有点儿不高兴！"雷和唐娜齐声说。
玛雅的嘴唇哆嗦着。
"过来，咱们谈谈。"卡斯姨妈边说边挽着玛雅的手走出了帐篷。
"所有的事都那么可怕，"玛雅抽泣着，"其他人总跟我过不去。"
卡斯姨妈搂住玛雅。
"他们全都被搞糊涂了。"她说，"原先你挺高兴的，可是现在你却在生气。他们不明白这是怎么回事。"
"我也不知道。"玛雅说。

"我猜你是想妈妈了。"卡斯姨妈说,"她不在这儿,你有点儿想她,这使你情绪低落。"

"我没有办法控制自己。"玛雅轻声说。

"没关系,"卡斯姨妈说,"跟我一起待一会儿,咱俩聊聊。等你情绪稍好一些后,再和他们一起玩。"

玛雅觉得好多了。"我喜欢跟你聊天,"她紧紧握住姨妈的手说,"就像跟妈妈聊天一样。"

想一想

玛雅刚开始十分高兴，和唐娜、勒罗伊还有雷相处得很融洽。后来，她开始想妈妈了，这使她情绪低落，好像所有的事都突然令她厌烦，她开始不停地抱怨。

从一种情绪变化到另一种情绪，一会儿高兴一会儿沮丧，这会使人迷惑不解，不明白是怎么回事。

如果你的情绪突然低落下来，该怎么办？记住，没有人是永远快乐的，有时，心情不好也不是件坏事。不过，抱怨是无济于事的，把自己的烦恼讲出来或许会得到帮助。

贾森的故事

"把灯关上,贾森!"爸爸第三次催促说。

夜已经很深了,但是贾森还在看书。

"好吧,爸爸!"贾森回答。他关上了灯,然后悄悄溜下床走到柜子旁边,拉开了抽屉。他找到自己的手电筒,又迅速地回到床上。

贾森困极了。明天还得上课,他也知道现在应该把书放下,可是这个关于海盗的故事正看到精彩的地方。

贾森缩进被窝里,打开手电筒,迅速翻开了下一页。

贾森一直把那本书看完了才睡觉。

第二天,他甚至没听见闹钟响。

"起床喽!"妈妈大声叫他。

"嗯!"贾森从被窝里钻了出来。

贾森没顾上吃早餐,飞快地向学校跑去,但还是迟到了。

整个上午,贾森都在打哈欠。教室里又闷又热,他的眼睛怎么也睁不开。

"醒醒!"朋友巴德咯咯笑着提醒贾森。

可是贾森一点儿也不觉得好笑。

吃过午饭,贾森和同学们都在做手工。他和巴德要一起制作一本关于热带雨林的书。

"你来画蛇,我画鹦鹉。"巴德说。

贾森叹了一口气,他什么都不想干,在纸上画了一堆圆圈儿。

"嗨!你给弄坏了!"巴德说。

"住嘴!"贾森大声喊道,生气地扔掉了铅笔。

总算放学了,贾森和伙伴们一起去公园玩。
"咱们踢球吧!"查利说。他用头把球顶给贾森。
贾森没接住球,但也没有去追,他觉得自己没有力气。
"怎么了?"查利问。
"他今天一直这样。真扫兴!"巴德说。
巴德和查利一起跑进了花园,他们没有等贾森。贾森也不愿去追,他只盼望能赶快回家。

回到家,弟弟吉恩正等着贾森呢。
"跟我玩吧!"吉恩说。
"走开!"贾森喊。
吉恩跑出了房间,贾森听见他在厨房里哭。
过了一会儿,妈妈走了进来,她紧皱着眉头。
"你为什么欺负吉恩?"她问。
"今天真是糟透了,"贾森说,"我的心情很不好。"
"那可不是吉恩的错。"妈妈说。

该睡觉了，爸爸走进贾森的房间。"我听说你心情不好。"他说。
"今天真是糟透了，"贾森说，"我跟好多人都发了脾气。"
"你知道为什么吗？"爸爸问他。
"因为我很累，"贾森说，"没有精力好好对待别人。"

"巴德不理我了,我还把吉恩给弄哭了,"贾森说,"现在每个人都讨厌我了!"

"他们不会的,"爸爸笑着说,"但我认为有两个解决问题的办法。首先是告诉他们每个人,你很抱歉。"

贾森点点头。

"再就是——早点儿睡觉!"爸爸说。

贾森闭上眼睛,很快就睡着了。

想一想

你也喜欢像贾森那样熬夜吗？你是不是总得别人提醒才关灯睡觉？休息对于每个人来说都非常重要，如果疲劳了，你就会感到困倦与情绪低落，甚至会向别人发火。

你对别人的态度不好，这不但会扫了大家的兴，有时还会使别人受到伤害。无法控制自己的情绪时，你可以对信任的人说说自己的烦恼，请他们帮你想想办法。

贝丝的故事

今天,贝丝非常开心,这可是好几天来的第一个大晴天,她要跟妈妈一起到城市农场去。

"你觉得那儿会有小羊羔吗?"贝丝问。

"我想会有的。"妈妈说,"穿上你的大衣,外边天气很冷。"

贝丝戴上她的帽子和手套,然后穿上了棉靴。贝丝喜欢这个季节的农场,那儿说不定还有一只刚出生的小牛犊呢。

去农场要走很长的路。妈妈走得很快,但贝丝一直跑在前面,她等不及了。

"慢点儿!"妈妈笑着说,"咱们得先去趟商店,我要买点儿东西。"

贝丝讨厌去商店,她不喜欢那里,那里的灯太亮,音乐也不好听!贝丝慢腾腾地跟在妈妈后面。

"咱们回家的时候再去买东西吧。"贝丝唠叨着。

"回家时,咱们不经过这里了。"妈妈说。

收款处排起了长队。贝丝扯下帽子,抱怨道:"我要热死了。"

走出商店时,妈妈遇到了一个朋友。

"现在别和她聊了!"贝丝抱怨着,但是妈妈还是礼貌地向朋友打了招呼。

贝丝在旁边等着。她用一只脚站立,过一会儿又换了另一只脚。

妈妈并没有聊多长时间,一会儿,她对贝丝说:"咱们现在可以去城市农场了!"

但是贝丝已经高兴不起来了。

好不容易,贝丝跟妈妈到了农场。那里真热闹,有鸭有鹅,还有公鸡喔喔地叫呢。

"它在跟你打招呼呢!"妈妈笑着说。可是贝丝只皱了皱眉头。

"贝丝,快看,还有小猪呢!"妈妈大声说。

可是贝丝没有心思看,她连一句话也不愿意说。

在一个谷仓里,有许多小朋友,还有许多小羊。"我们来喂小羊。"小朋友们招呼着贝丝,"一起玩吧!"

一个小女孩拿出一瓶牛奶,贝丝看见一只小羊在使劲吸吮。"噢!它饿极了!"小女孩咯咯地笑了起来。

贝丝站在谷仓一角,把手插进口袋,假装什么也没看见。

妈妈走了过来。贝丝不愿见到妈妈。

"你想吃午饭了吧?"妈妈问。贝丝叹了口气,耸了耸肩。

"你的情绪真是糟透了!"妈妈生气地说,"看来我们还是回家吧!"

"好吧!"贝丝冷冷地回答,假装一点儿也不在乎。

　　回到家,贝丝走进自己的房间。她想看书,但又一直想着农场,心里很不好受。

　　过了一会儿,妈妈走了进来。

　　"你还在生闷气吗?"妈妈问。

　　"对不起,"贝丝小声说,"我错了!"

　　"我知道你不喜欢逛商店,"妈妈接着说,"但有些时候,人们不得不做些自己不愿做的事情。生闷气是解决不了问题的。"

　　"它会使事情变得更糟!"贝丝说。

妈妈坐在贝丝身旁。

"我特别想喂那些小羊，"贝丝说，"其实我不愿意回家。"

"我明白。"妈妈说完搂住了贝丝，"下星期咱们再去农场，好吗？"

"太好了！"贝丝说，"我保证再也不乱发脾气了。"

"好的。"妈妈笑了，"那么，如果咱们再要进商店的话，我保证会事先跟你商量。"

"太好了！"贝丝高兴地说。

你是否曾因觉得委屈而生过闷气？生闷气的时候，你是否希望别人关注你？但是，这样做的结果反而可能使别人远离你或对你不满。

一旦生了闷气，你就会越来越不高兴，甚至不能正常思考问题，就像贝丝发现的那样：生闷气会使事情变得更糟糕。如果你发现自己的情绪低落了，要努力摆脱这种状态，要想办法让自己高兴起来。

想想书中的故事,玛雅不断地抱怨,贾森冲别人大喊,贝丝生闷气,他们每个人都因自己的低落情绪而扫了别人的兴。控制自己的情绪确实是件困难的事情,但随着经验的增多,你会做得越来越好。

图书在版编目（CIP）数据

扫兴 /（英）阿莫斯著；贾洪宝译 . — 北京：知识产权出版社，2016.1

（我能管好自己）书名原文：Moody

ISBN 978-7-5130-3322-0

I. ①扫… II. ①阿… ②贾… III. ①品德教育 — 儿童教育 — 家庭教育 IV. ① G78

中国版本图书馆 CIP 数据核字 (2015) 第 013372 号

First published in the United Kingdom by Cherrytree Books, 2001
Copyright©Evans Brothers Ltd.
This edition published under licence from Pila Books Limited.
This edition is only available for sale in Mainland China.

| 责任编辑：李 潇 | 责任校对：谷 洋 |
| 装帧设计：于 静 | 责任出版：刘译文 |

我能管好自己 ㉗

扫 兴

[英] 亚尼内•阿莫斯 著　　[英] 格温•格林 绘

贾洪宝 译

出版发行：知识产权出版社有限责任公司	网　　址：http://www.ipph.cn
社　　址：北京市海淀区马甸南村 1 号	邮　　编：100088
责编电话：010-82000860 转 8133	责编邮箱：elixiao@sina.com
发行电话：010-82000860 转 8101/8102	发行传真：010-82000893/82005070/82000270
印　　刷：北京中科印刷有限公司	经　　销：各大网上书店、新华书店及相关专业书店
开　　本：787mm×1092mm 1/16	字　　数：40 千字
版　　次：2016 年 1 月第 1 版	印　　张：2
ISBN 978-7-5130-3322-0	印　　次：2016 年 1 月第 1 次印刷
京权图字：01-2015-0578	定　　价：9.00 元

出版权专有 侵权必究
如有印装质量问题，本社负责调换。